はじめに

　本書は、音楽教室やピアノ教室においてリトミックのレッスンを取り入れる際に、先生方にも子供たちにも楽しんでいただけるようにと考えて作られたテキストです。20世紀の初頭にスイスの教育家、ダルクローズ博士によって考案されたリトミックは、100年の歳月を経た現在ではとても一般的なものとなり、音楽教室における幼児の導入方法としてなくてはならないものになりました。本来リトミックとは、音楽的刺激による身体表現ということですので、テキストを前にして机に座ってするというものではありませんが、レッスンの進行をスムーズにし、レッスンの手順を正しく導くための手助けとなれば幸いです。

　本書は、三巻までの構成となっており、この一巻では、主に「歩く」「走る」「ゆっくり」のリズムを中心に、音の高低などを学びます。各レッスンは、「歌」「リトミック」「ごほうびゲーム」で1セットとなっており、まず子供たちのよく知っている曲を先生と一緒に元気よく歌います。次に各レッスンに対応したリトミックがまとめてありますので、先生のピアノで思いっきり体を動かして全身でリズムを感じとります。一つ一つの動きをよく練習したあと、すべての動作を取り混ぜて行って下さい。ピアノの音に真剣に耳を傾け、音楽と融合して体を動かすことにより集中力が養われ、豊かな音楽性が育まれます。先生のピアノ伴奏譜は巻末にありますので、切り取ってご利用下さい。「ごほうびゲーム」は子供たちに楽しみを与えるものであると同時に基礎能力の開発をテーマとしたもので、思考力や観察力を高める結果となります。

　早期教育が盛んな現代においては、リトミック教育はもはや特別なものではありません。小さい子のレッスンを楽しく有意義なものにするためにぜひ気軽に取り入れて下さい。個人レッスンにおいても、またグループ・レッスンにおいてもできるよう配慮しています。本書が、多くの先生方と子供たちのためにお役に立ちますことを心より願っています。また、巻末に子供たちの喜ぶ「レッスンごうかくカード」もつけていますので、ご利用下さい。

2006年1月

遠　藤　蓉　子

もくじ

レッスン 1　ちゅうりっぷ ･････････････････････････ 4
　リトミック 1 ････････････････････････････････････ 5
　ごほうびゲーム 1 ･･････････････････････････････ 6
レッスン 2　きらきらぼし ････････････････････････ 8
　リトミック 2 ････････････････････････････････････ 9
　ごほうびゲーム 2 ････････････････････････････ 10
レッスン 3　かえるのうた ･･････････････････････ 12
　リトミック 3 ･･････････････････････････････････ 13
　ごほうびゲーム 3 ････････････････････････････ 14
レッスン 4　ことりのうた ･･････････････････････ 16
　リトミック 4 ･･････････････････････････････････ 17
　ごほうびゲーム 4 ････････････････････････････ 18
レッスン 5　うみ ････････････････････････････････ 20
　リトミック 5 ･･････････････････････････････････ 21
　ごほうびゲーム 5 ････････････････････････････ 22
レッスン 6　げんこつやまのたぬきさん ･･････ 24
　リトミック 6 ･･････････････････････････････････ 25
　ごほうびゲーム 6 ････････････････････････････ 26

レッスン 7　かたつむり ････････････････････････ 28
　リトミック 7 ･･････････････････････････････････ 29
　ごほうびゲーム 7 ････････････････････････････ 30
レッスン 8　ちょうちょう ･･････････････････････ 32
　リトミック 8 ･･････････････････････････････････ 33
　ごほうびゲーム 8 ････････････････････････････ 34
レッスン 9　ぞうさん ･･････････････････････････ 36
　リトミック 9 ･･････････････････････････････････ 37
　ごほうびゲーム 9 ････････････････････････････ 38
レッスン 10　いとまき ･････････････････････････ 40
　リトミック 10 ････････････････････････････････ 41
　ごほうびゲーム 10 ･･････････････････････････ 42
レッスン 11　おつかいありさん ････････････････ 44
　リトミック 11 ････････････････････････････････ 45
　ごほうびゲーム 11 ･･････････････････････････ 46
レッスン 12　たなばたさま ････････････････････ 48
　リトミック 12 ････････････････････････････････ 49
　ごほうびゲーム 12 ･･････････････････････････ 50
レッスンごうかくカード ･･････････････････････ 52
先生方へ（リトミックのページのピアノ伴奏譜）････････ 53

レッスン 1 ちゅうりっぷ　（げんきよくうたいましょう）

近藤宮子　作詞
井上武士　作曲

リトミック 1

◎ピアノ伴奏譜は巻末にあります。最初は三つの動きを別々に練習し、慣れてきたら音楽に合わせてすぐに反応できるようにしていきます。あせらず、音楽に体の動きを合わせることを楽しんで下さい。③は、一人でする場合は腰に手をやり、上半身を左右に動かして横に揺れます。

 ①おなじいろのものをせんでむすびましょう。

②いろいろなちゅうりっぷがありますね。
　　わらっているちゅうりっぷはどれですか？
　　ねむっているちゅうりっぷはどれですか？
　　りぼんをつけているちゅうりっぷはどれですか？

レッスン 2　きらきらぼし　（げんきよくうたいましょう）

武鹿悦子　作詞
フランス民謡

きらきら　ひかる　おそらの　ほしよ　まばたき　しては　みんなを　みてる　きらきら　ひかる　おそらの　ほしよ

リトミック 2

◎ピアノ伴奏譜は巻末にあります。①と②は時々音楽を止めてストップの動作も入れます。

 ①おなじかたちのものをせんでむすびましょう。

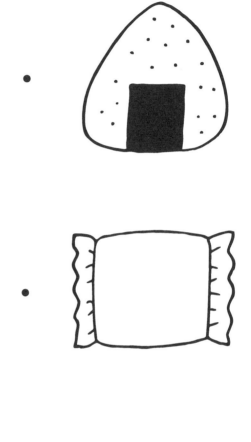

②プレゼントをさがしましょう。
あかくてまるいものはどれでしょう。
あめのひにつかうさんかくのものはどれでしょう。
きいろくてながいものはどれでしょう。
あたまにつけるものはどれでしょう。

レッスン 3 かえるのうた （げんきよくうたいましょう）

岡本敏明 作詞
ドイツ民謡

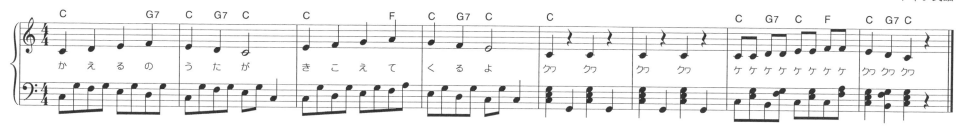

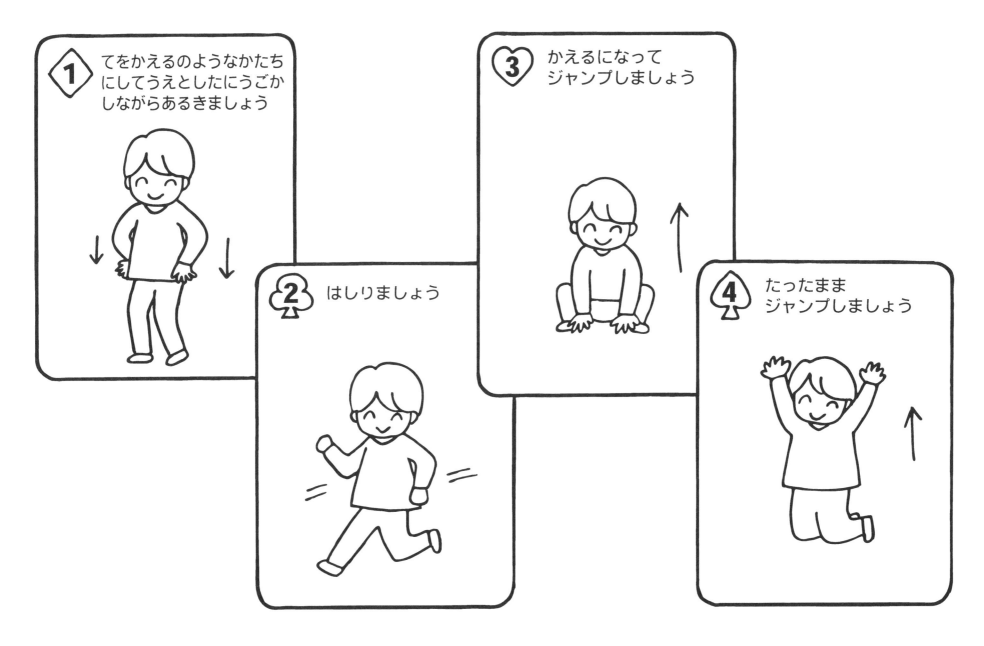

◎ピアノ伴奏譜は巻末にあります。①と②の途中で適宜③と④の動きを取り入れて下さい。

 ①なかまをさがしてせんでむすびましょう。

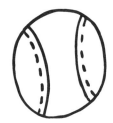

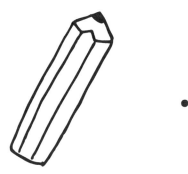

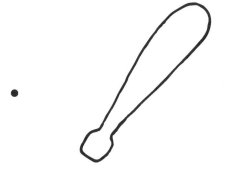

②めいろをとおって、かえるのいえへかえりましょう。

レッスン 4 ことりのうた （げんきよくうたいましょう）

与田準一 作詞
芥川也寸志 作曲

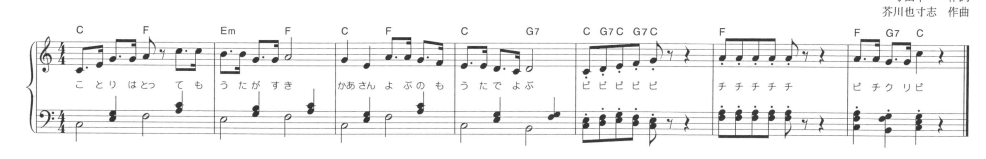

ことり はとっても うたがすき かあさん よぶのも うたでよぶ ピピピピピ チチチチチ ピチクリピ

 ①おなじものをせんでむすびましょう。

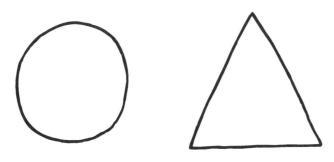   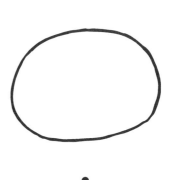

 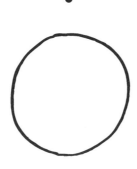 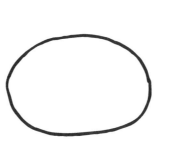  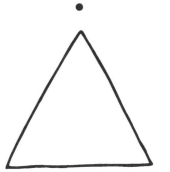

②きのなかにいろいろなどうぶつがかくれています。いろいろなどうぶつをさがしましょう。

レッスン 5　うみ　（げんきよくうたいましょう）

林　柳波　作詞
井上武士　作曲

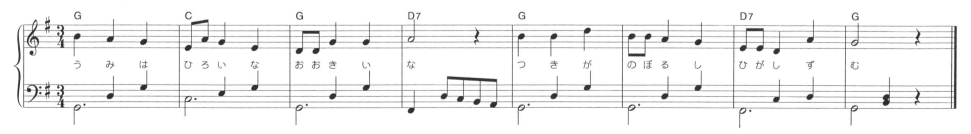

リトミック 5

◎ピアノ伴奏譜は巻末にあります。一つ一つの動作ができるようになったら、4種類の動作を織り交ぜてしましょう。

①さかなつりのゲームです。だれがどのさかなをつったのでしょうか。つりいとをかきましょう

②たことかめのおさんぽです。おともだちのところをとおっていえへかえりましょう。

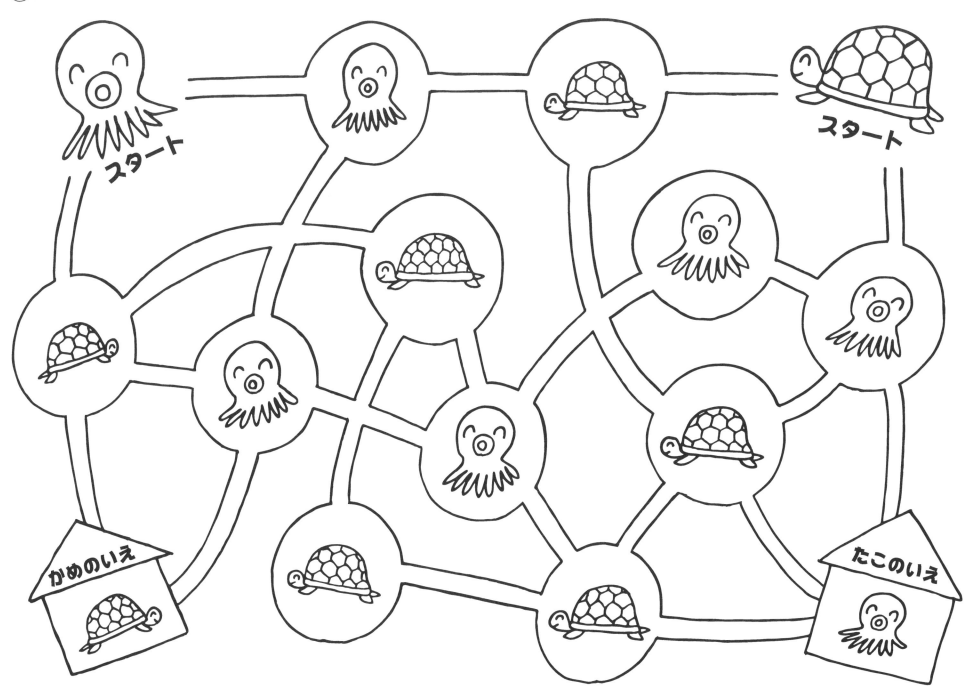

レッスン 6 げんこつやまのたぬきさん （げんきよくうたいましょう）

わらべうた

げんこつやまの　たぬきさん　おっぱいのんで　ねんねして　だっこしておんぶして　またあした

リトミック 6

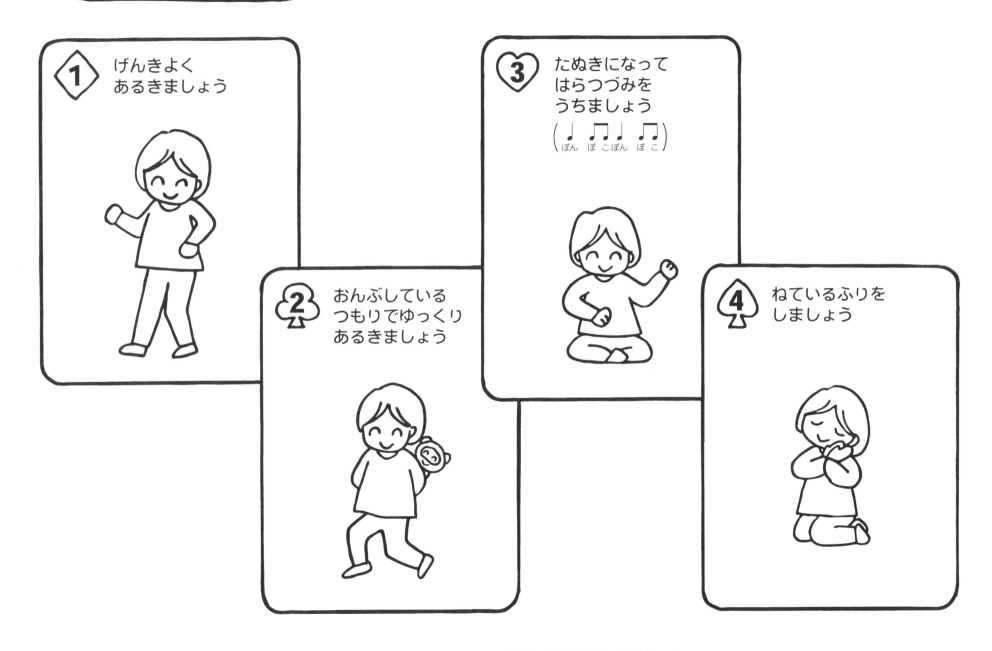

◎ピアノ伴奏譜は巻末にあります。一つ一つの動きができるようになったら、4種類の動きを混ぜてしましょう。

 ①たぬきさんにいろいろなものをきせてあげましょう。
ただしいばしょにせんをひいてください。

②おなじかたちのはっぱをみつけましょう。

レッスン 7　かたつむり　　（げんきよくうたいましょう）

文部省唱歌

リトミック 7

◎ピアノ伴奏譜は巻末にあります。①～③の動作を織り交ぜて繰り返し、時々④の動作を入れて下さい。

ごほうびゲーム 7

①せんでむすびましょう。

 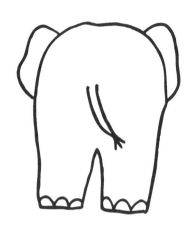  

②きのはのあいだをとおっていきましょう。

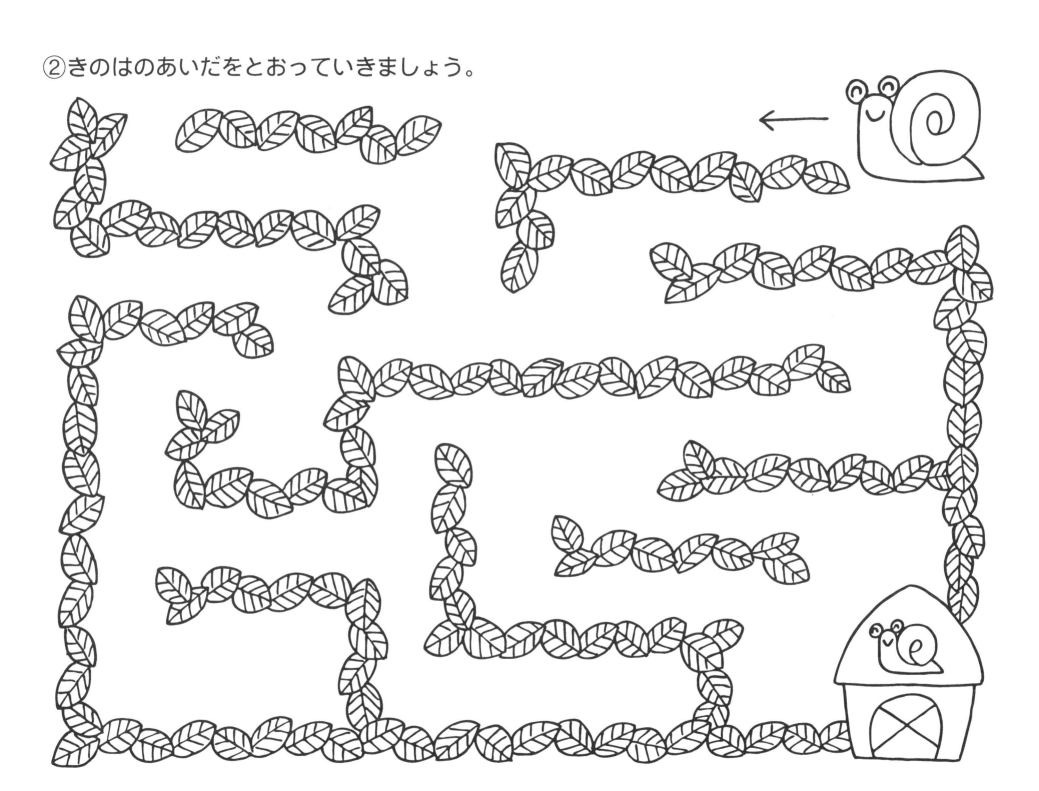

リトミック 8

◎ピアノ伴奏譜は巻末にあります。一つ一つの動きができるようになったら、4種類の動きを混ぜてしましょう。

 ①なかまをさがしてせんでむすびましょう。

②ちょうちょがたくさんかくれています。ちょうちょをさがしましょう。

レッスン 9 ぞうさん （げんきよくうたいましょう）

まどみちお 作詞
團伊玖磨 作曲

ぞうさん ぞうさん おはなが ながいのね そうよ かあさんも ながいのよ

リトミック 9

◎ピアノ伴奏譜は巻末にあります。①の動きの途中で適宜②の動きを入れて下さい。ぞうとうさぎとりすを音楽に合わせてチェンジします。

 ①せんでむすびましょう。

 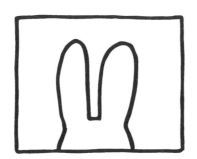  

②おおきいのはどっちかな。

レッスン10 いとまき （げんきよくうたいましょう）

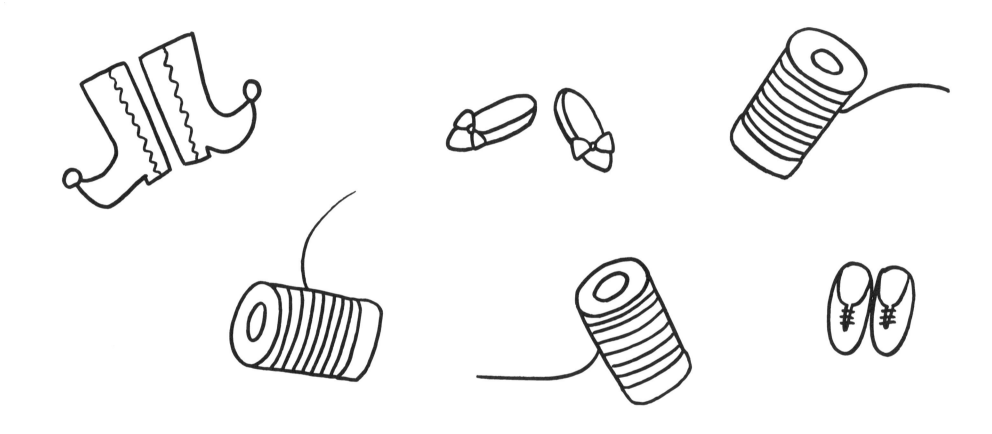

作詞者不詳
外国曲

 ①だれのくつかな？　せんでむすびましょう。

  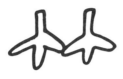 

②なかまはずれのものをさがしましょう。

レッスン11　おつかいありさん　（げんきよくうたいましょう）

関根栄一　作詞
團伊玖磨　作曲

あんまり いそいで こっつんこ　ありさんと ありさんと こっつんこ　あっちいって ちょんちょん こっちきて ちょん

リトミック 11

◎ピアノ伴奏譜は巻末にあります。①から⑤の動きを音楽に合わせて取り混ぜて行って下さい。

 ①だいこうぶつをせんでむすびましょう。

②おいしいもののところをたくさんとおっていきましょう。

レッスン12　たなばたさま　（げんきよくうたいましょう）

林　柳波　作詞
権藤花代
下総皖一　作曲

リトミック 12

① おほしさまになって はしりましょう（キラキラ）

② ひくいおとがしたら ちいさくなりましょう （ドン）

③ たけのこになってゆっくり おおきくなります（シュー）

④ さいごに（ポン）と いって ジャンプしましょう

⑤ かぐやひめになってしずしずと あるきます（てをむねでかさねます）

⑥ かぜになって おおきくゆれましょう

◎ピアノ伴奏譜は巻末にあります。①の動きの途中で②の動きを入れて、続いて③と④の動きをします。⑤と⑥も音楽に合わせて取り混ぜて行って下さい。

①あまのがわをとおってせんをかきましょう。
　ほしもかきましょう。

②おかしなものはどれでしょう。

レッスンごうかくカード

スタート → レッスン1 → リトミック1 → ごほうび1-① → ごほうび1-② → レッスン2 → リトミック2 → ごほうび2-① → ごほうび2-② → レッスン3 → リトミック3 → ごほうび3-① → ごほうび3-② → レッスン4 → リトミック4 → ごほうび4-① → ごほうび4-② → レッスン5 → リトミック5 → ごほうび5-① → ごほうび5-② → レッスン6 → リトミック6 → ごほうび6-① → ごほうび6-② → レッスン7 → リトミック7 → ごほうび7-① → ごほうび7-② → レッスン8 → リトミック8 → ごほうび8-① → ごほうび8-② → レッスン9 → リトミック9 → ごほうび9-① → ごほうび9-② → レッスン10 → リトミック10 → ごほうび10-① → ごほうび10-② → レッスン11 → リトミック11 → ごほうび11-① → ごほうび11-② → レッスン12 → リトミック12 → ごほうび12-① → ごほうび12-② → ゴール

おめでとう

「よいこのリトミック②」へ すすみましょう。

先生方へ‥‥合格したら、色をぬるか、またはシールをはったりスタンプを押したりして、楽しく使って下さい。

先生方へ （リトミックのページのピアノ伴奏譜）

リトミックのページのピアノ伴奏譜を一応載せていますが、各曲は本来即興的なものなので、必ずしも楽譜通りに弾く必要はありません。大切なことは、先生自身が各テーマのイメージをつかんでそれらしく弾くことです。そして、弾く時には子供の動きをよく観察し、時には合わせ、時にはリードして弾いて下さい。リズムと拍子をはっきりと勢いをもって生き生きと弾いて下さい。曲の長さも自由に調節して下さい。

リトミック1　P.5

① 歩く

② 手を打つ

③ 横にゆれる

リトミック2　P.9

① 歩く

　リトミック1 の①と同じ

② 走る

③ 高いところできらきら　　④ 低いところできらきら

リトミック 3 P.13

① かえるになって歩く

③ かえるになってジャンプ

ピアノのリズムに合わせてとんでもよいし、2拍で一回ずつとぶのでも構いません。全体としてかえるになってとぶことを楽しむことが大切です。

② 走る

④ 立ったままジャンプ

ピアノの右端の鍵盤を軽く叩きます。①の歩いている状態か②の走っている状態の途中で入れて下さい。一回の合図では一回ジャンプ、二回の合図では二回のジャンプというふうです。

リトミック 4　P. 17

① ことり（♫ で走る）

③ あひる（腰を低くして ♩ で歩く）

② すずめ（♩ で歩く）

④ からす（♩ で歩く）

リトミック 5 P. 21

① ボートこぎ

② さかな

③ かに（♩で横歩き）

④ かめ（♩ ではいはいする）

リトミック 6 P. 25

① 歩く

② おんぷ（♩で大またで歩く）

③ たぬき（♩ ♫でおなかをたたく）

④ おやすみ（しずかにゆっくりと）

リトミック 7 P. 29

① かたつむり（♩でゆっくりはいはいする）

② ちいさな雨（♫でかるく走る）

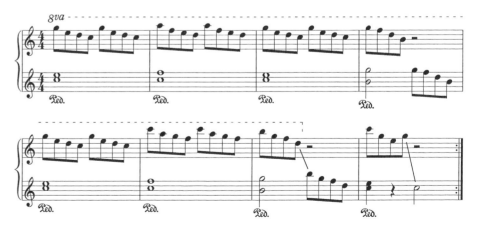

③ おおきな雨（♩で力強く歩く）

④ かみなり

最初にピアノの右端の鍵盤を打ち、すぐにグリッサンドでおりて左端の鍵盤をドーンと打ちます。

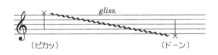

リトミック 8 P.33

① 歩く

② ちょうちょう（♫で走る）

③ お花にとまるポーズ

高い音のトリルが鳴ったら、止まってせのびしてちょうちょの羽をそろえます。

④ おやすみ

③ うさぎ (♩ でジャンプ)

リトミック 9 P. 37

① ぞう (♩ で歩く)

④ りす (♫ で走る)

② ぞうの泣き声 (回数は自由です)

パオーン

リトミック10 P. 41

① 手をくるくる

② 大きくジャンプ

ピアノの右端を打ったら手を上げて大きくジャンプします。

③ 小さくジャンプ

ピアノの左端を打ったら座って小さくなります。

④ ねずみ（ ♫ で走る）

⑤ きりん（ ♩ でせのびしてつま先で歩く）

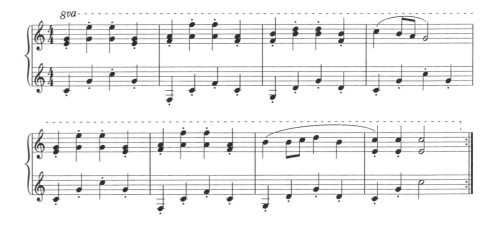

⑥ くま (♩ でゆっくり歩く)

リトミック11 P.45

① タンバリンを打つ (♩ のリズム)

② きらきら

高い音のトリルの合図でタンバリンを上に上げて振ります。

③ ドン

ピアノの左端の鍵盤を打ったら小さくなって座ります。

④ くるま (♫ で走る)

はじめに「ブブー」とクラクションをならします。

⑤ ボートこぎ (♩ でボートをこぐ)

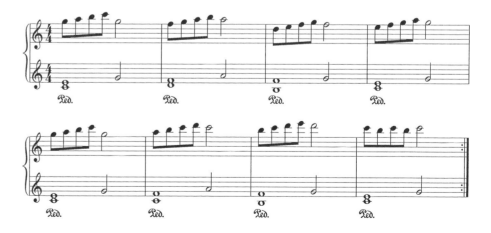

リトミック12 P.49

① おほしさま (♫ で走る)

⑤ かぐやひめ (♩ でしずかにすり足で歩く)

②③④ たけのこ

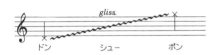

ピアノの左端の鍵盤を叩いて「ドン」と小さくなり、グリッサンドで「シュー」と大きくなって、最後にピアノの右端の鍵盤を叩いて「ポン」とジャンプします。

⑥ かぜ (♩ で両手を横にふる)

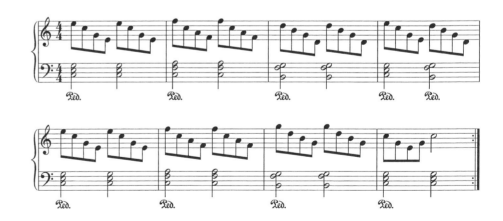

小さい子のレッスンをひきたてる楽しいテキストのご案内

よくわかる
幼児のワーク・ブック
あそびとりずむとおんぷ

小さい子がレッスンの形に慣れ、少しずつ音楽に親しんでいくための導入ワーク・ブック。色や形、数などの基礎能力の開発から自然な形で音符へと進んでいきます。

定価［本体1100円＋税］

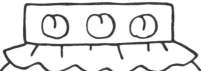

おんぷのおえかき
ワーク・ブック ①〜③
（えかきうたつき）

楽しいえかきうたでおえかきの練習をしながら、音符の色ぬりをとおして一つ一つの音を丁寧に覚えていきます。よくわかる幼児のワーク・ブックの続編。また、少し大きな子であれば、各巻から単独で使用することもできます。

定価［本体1100円＋税］

小さい子のために
ゴーゴーピアノ ①〜③
（おんぷカードつき）

特別に小さい子のことを考えて作られたピアノ教本で、2〜3才からの鍵盤導入を円滑に進めることができます。まず歌を歌いながらリズムとメロディーを覚え、その後で自分でピアノを弾くというシステムです。巻末には「音符カード」もついており、「おんぷのおえかきワーク・ブック」とも対応しています。

定価［本体1200円＋税］

たのしいな！
幼児のうたと音感 ①〜⑤

楽しく遊びの形をとりながら、小さい子の音感を育成するためのテキストです。2，3才から5，6才まで幅広く活用することができ、先生と楽しく歌うことによって、きちんとした音程のとれる良い耳を作ります。

定価［本体1200円＋税］

よくわかる
幼児のおんぷとりずむ ①〜③
（おなはしのイラストつき）

小さい子にわかりやすいように大きな音符で音とリズムを覚えます。譜読みを中心にことばのリズムから両手のリズムへと進みます。両手の準備段階に最適です。①おおきなかぶの巻　②ブレーメンのおんがくたいの巻　③三びきのこぶたの巻

定価［本体1200円＋税］

よいこのピアノ ①〜③
＜たのしいレパートリー　歌詞つき＞

本当に小さい子のことを考えて作られた良心的なテキスト。片手の練習から交互奏、同時奏へと決して無理をしないペースでゆっくりと進み、三巻をとおして両手の壁を楽しみながら乗り越えます。二巻と三巻は子供たちの知っている曲を中心に構成。

定価［本体1200円＋税］

よいこのワーク・ブック
①〜③
＜おんぷのぬりえつき＞

「よいこのピアノ」に完全に対応した楽しいワーク・ブック。ぬりえや線結びなどのゲームで、小さい子でもきちんと音符が覚えられるよう工夫されており子供たちのやる気をひき出します。中央の「ド」から学ぶ様々なテキストにも対応できます。

定価［本体950円＋税］

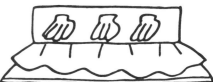

たのしいソルフェージュ
うたあそび ①〜③
〜ピアノとともに〜

楽しく歌いながら、ピアノに必要な音感やリズム感などを身につけます。子供たちの知っている曲を中心に、先生と生徒の楽しいひとときを作り出し、音楽の楽しさを実感します。

定価［本体1300円＋税］

お子様の体と心を育てる元気いっぱいリトミック

「よいこのリトミック」と「おたのしみリズム・ブック」
（ごほうびゲームつき）　　　　　　　　　　　　　（カード＆CDつき）

「よいこのリトミック①〜③」
　各定価 1,200 円＋税

「おたのしみリズム・ブック①〜③」
　各定価 1,980 円＋税

遠藤蓉子・著　サーベル社

☆２冊そろえてスピーディーで便利なレッスン！
☆「おたのしみリズム・ブック」には「よいこのリトミック」に対応したCDとカードがついています
☆「よいこのリトミック」の内容を「おたのしみリズム・ブック」で具体的な音符へと導くことができます

《本書の指導に役立つ書籍のご案内》

「１才からのピアノ・レッスン」（21世紀の新しい音楽教室のために）
著者の経験に基づいたユニークな指導書。小さいお子様のレッスンでお困りの先生方に一筋の光を与えます。すぐに役立つレッスン・スケジュールつき。

「２才からのピアノ・レッスン」（小さい子の上手な教え方）
リズムと音感のトレーニングから小さい子の扱い方、２才から６才の教え方を具体的に説明します。便利な体験レッスン・プログラムつき。

「ピアノ・レッスン知恵袋」（テキスト選びとレッスンのヒント）
小さい子から高齢者まで年齢別に詳しく解説した指導書。レッスンの組み立てから生徒の励まし方まで楽しく早く上達する方法を提案します。

各定価［本体 1800 円＋税］

遠藤蓉子ホームページ　http://yoppii.g.dgdg.jp/
【YouTube】よっぴーのお部屋　レッスンの扉（レッスンのヒントを動画で紹介）

著　者　遠藤蓉子
ＤＴＰ　アトリエ・ベアール
発行者　鈴木廣史
発行所　株式会社サーベル社
定　価　［本体 1,200 円＋税］
発行日　2023 年 9 月 5 日

個人でもグループでも使える
よいこのリトミック ①
〈ごほうびゲームつき〉

〒130-0025　東京都墨田区千歳 2-9-13
TEL 03-3846-1051　FAX 03-3846-1391
http://www.saber-inc.co.jp/

JASRACの承認に依り許諾証紙貼付免除

この著作物を権利者に無断で複写複製することは、著作権法で禁じられています。
万一、落丁・乱丁の場合は送料小社負担でお取り替えいたします。

JASRAC 出 0517206-315　ISBN978-4-88371-410-0 C0073 ¥1200E